全国中等职业技术学校汽车类专业教材

汽车电气设备（第二版）习题册

中国劳动社会保障出版社

图书在版编目(CIP)数据

汽车电气设备（第二版）习题册/人力资源和社会保障部教材办公室组织编写. —北京：中国劳动社会保障出版社，2016

全国中等职业技术学校汽车类专业教材

ISBN 978-7-5167-2545-0

Ⅰ. ①汽… Ⅱ. ①人… Ⅲ. ①汽车-电气设备-中等专业学校-习题集 Ⅳ. ①U463.6-44

中国版本图书馆 CIP 数据核字(2016)第 128373 号

中国劳动社会保障出版社出版发行

（北京市惠新东街 1 号　邮政编码：100029）

*

北京市科星印刷有限责任公司印刷装订　新华书店经销

787 毫米 ×1092 毫米　16 开本　3.75 印张　90 千字

2016 年 6 月第 1 版　　2022 年 12 月第 8 次印刷

定价：7.00 元

营销中心电话：400-606-6496

出版社网址：http://www.class.com.cn

http://jg.class.com.cn

目　录

第一章 蓄 电 池

§1—1 蓄电池概述

一、填空题（将正确答案填写在横线上）

1. 汽车蓄电池是汽车的两大电源之一，在汽车上与发电机并联，共同向＿＿＿＿＿＿供电。

2. 蓄电池是一种＿＿＿＿的直流电源。

3. 现代汽车上使用的蓄电池，一般由＿＿＿个单格电池串联而成。每个单格电池的电压约为＿＿＿＿。

4. 汽车用蓄电池一般均由＿＿＿＿、＿＿＿＿、＿＿＿＿、＿＿＿＿、＿＿＿＿＿、＿＿＿＿等组成。

5. 蓄电池的极板分为＿＿＿＿和＿＿＿＿，其均由＿＿＿＿和＿＿＿＿组成。

6. 蓄电池正极板上活性物质是＿＿＿＿色的＿＿＿＿，负极板上活性物质是＿＿＿＿色的＿＿＿＿。

7. 在蓄电池的正、负极板间放有＿＿＿＿＿。

8. 蓄电池的电解液是由＿＿＿＿＿＿＿和＿＿＿＿＿＿按一定的比例配制而成。

9. 联条的作用是将＿＿＿＿串联起来，一般由＿＿＿＿＿＿浇铸而成。

二、判断题（对的打“√”，错的打“×”）

1. 蓄电池在汽车上与发电机及所有用电设备都是并联的。 （　　）

2. 蓄电池工作时，由于正极板上的化学反应比负极板剧烈，故单格电池中负极板比正极板少一片。 （　　）

3. 选用电解液密度的大小应按地区、气候条件和制造厂的要求而定。 （　　）

4. 蓄电池在发电机过载时，协助发电机向用电设备供电。 （　　）

5. 发动机起动时，蓄电池可向起动机和点火系统供电。 （　　）

三、选择题

1. 蓄电池是一种（　　）电源。

A. 直流　　B. 交流　　C. 交、直流

2. 蓄电池在汽车上与发电机（　　），共同向用电设备供电。

A. 并联　　B. 串联　　C. 串、并联

3. 蓄电池中的隔板在正、负极板间起（　　）作用。

A. 极板　　B. 导电　　C. 绝缘

4. 蓄电池工作时，由于正极板上的活性物质比较活跃，故负极板的数量总比正极板（　　）一片。

A. 多　　B. 少　　C. 相同

四、简答题

1. 车用蓄电池的主要功用有哪些？

2. 车用蓄电池可分为哪几种？

§1—2　蓄电池的工作原理及特性

一、填空题（将正确答案填写在横线上）

1. 蓄电池的放电过程就是将________转化为________的过程。
2. 蓄电池的充电过程就是将________转化为________的过程。
3. 蓄电池充放电化学反应方程式为________________________________。
4. 汽车上常用的蓄电池容量标定方法有两种，分别是__________和__________。
5. 影响蓄电池极板活性物质利用率的因素有__________和__________两个方面。

二、判断题（对的打“√”，错的打“×”）

1. 蓄电池的工作过程就是化学能与电能的相互转化过程。（　　）

2．蓄电池充电时端电压高于它的电动势，两者之差为其内阻上的电压。 （　　）

3．蓄电池容量的大小主要取决于极板上活性物质的利用率。活性物质利用率越高，容量就越小；活性物质利用率越低，容量就越大。 （　　）

4．极板表面积越大，输出的容量也就越大。 （　　）

5．电解液温度降低，蓄电池输出容量会增加。 （　　）

三、选择题

1．铅蓄电池的电解液相对密度随放电程度（　　）。

A．升高　　B．降低　　C．不变

2．车用铅蓄电池单格电池的电压为（　　）V。

A．2　　B．4　　C．6

四、简答题

1．简述蓄电池的充电过程。

2．简述蓄电池的放电过程。

§1—3　蓄电池的使用

一、填空题（将正确答案填写在横线上）

1．拆装蓄电池前，首先关闭点火开关和所有电气元件，先拆蓄电池________，再拆蓄电池__________。

2．蓄电池大电流放电时间不宜过长，使用起动机时每次时间应≤________s，相邻两次起动应间隔________s 以上。

3．蓄电池在汽车上应________，以防行车时振动和移位。

4．蓄电池放电程度冬季达________、夏季达________时即应充电，必要时进行补充充电。

5. 蓄电池有灰尘、油污或溢出的电解液要及时________，否则会造成蓄电池放电和极桩的________。

6. 蓄电池常用固定方式为____________和____________。

7. 汽车通常充电方法有__________、____________和________________三种。

二、判断题（对的打“√”，错的打“×”）

1. 安装蓄电池时，要先装蓄电池正极，再装蓄电池负极。（　　）

2. 要经常检查蓄电池的电解液和蓄电池的液面高度情况，如发现电解液不足或蓄电池亏电，要及时补充电解液和充电。（　　）

3. 蓄电池可以长期在欠电状态下工作。（　　）

4. 蓄电池的充电方法只有恒电压充电和恒电流充电两种。（　　）

5. 冬季补加蒸馏水应在充电后进行，以使蒸馏水较快地与电解液混合而不致结冰。（　　）

6. 恒电压充电，电流大，速度快。（　　）

三、选择题

1. 蓄电池大电流放电时间不宜过长，使用起动机时每次时间应≤（　　）s。

A. 10　　B. 5　　C. 15

2. 如检查发现蓄电池电解液密度低于（　　）g/m^3，应对蓄电池充电。

A. 1.11　　B. 1.20　　C. 1.30

3. 单格电池电压低于（　　）V 时，应对蓄电池充电。

A. 1.55　　B. 1.65　　C. 1.75

4. 蓄电池中的电解液液面高度须高于极板（　　）mm。

A. 5 ~ 10　　B. 10 ~ 15　　C. 15 ~ 20

5. 当充电使单格电池电压达到 2.4 V 左右时，蓄电池（　　）。

A. 内部开始出现气泡　　B. 电解液呈“沸腾”状态

C. 电压维持在该数值上不再升高

四、简答题

1. 蓄电池的使用注意事项有哪些?

2. 蓄电池充电和放电完成的标志是什么？

3. 简述蓄电池三种充电方式的特点。

4. 简述蓄电池充电注意事项。

§1—4　蓄电池的技术状况检查与常见故障诊断

一、填空题（将正确答案填写在横线上）

1. 检查电解液液面高度时，应拆掉蓄电池上的________，然后再进行检查。

2. 利用玻璃管检测法检查电解液液面高度时，将____________插入蓄电池内极板的__________位置，用拇指按紧玻璃管上端管口，提起玻璃管检查管内液面高度，应为________ mm，如液面过低则应补充蒸馏水，使其达到标准值。

3. 透明工程塑料壳的蓄电池可通过观察其外壳壁上的两条高度指示线“________”和“________”来检查液面高度。

4. 蓄电池电解液不足时，只能用________补充，绝不能随意添加补充液及其他不干净的水。

5. 蓄电池在夏季放电超过________、冬季放电超过________时，不宜再使用，应及时进行充电，否则会使蓄电池过早损坏。

6. 蓄电池常见三种故障现象为__________、__________和________________________。

二、判断题（对的打“√”，错的打“×”）

1. 蓄电池电解液不足时，可以随意添加补充液。（　　）

2. 蓄电池电解液密度每下降 0.01 g/cm^3，相当于蓄电池放电 6%。（　　）

3. 采用密度计测量电解液密度的方法适用于干荷式蓄电池，免维护蓄电池通过“电眼”可观察充电情况。（　　）

三、简答题

蓄电池的常见故障有哪些？简述相应的故障现象。

§1—5　新型蓄电池简介

一、填空题（将正确答案填写在横线上）

1. 免维护蓄电池又叫__________蓄电池，我国绝大多数汽车均采用免维护蓄电池。

2. 胶体电解质的配制通常有____________与____________两种。

3. 能够将太阳能直接转变为汽车用________的电池，称为________电池。

4. 动力用蓄电池充一次电车辆至少行驶________ km，循环次数应高于________次。

二、简答题

1．简述免维护蓄电池的优点。

2．简述使用等体积法配置胶体电解质的步骤。

第二章　交流发电机及其电压调节器

§2—1　交流发电机

一、填空题（将正确答案填写在横线上）

1. 汽车用发电机分为________和________两种。
2. 交流发电机主要是由______、______、__________和______四部分组成。
3. 转子的功用是产生__________，定子的功用是产生和输出__________。
4. 整流器的功用是将定子绕组的______________变为________。
5. 交流发电机产生交流电的基本原理是__________原理。

二、判断题（对的打“√”，错的打“×”）

1. 车用发电机是汽车电气系统的重要电源。（　　）
2. 起动机工作是由发电机供电。（　　）
3. 发电机转子的功用是产生三相交流电。（　　）
4. 目前，汽车上装用的发电机主要是交流发电机。（　　）
5. 硅整流发电机的整流二极管分为正极管和负极管。（　　）
6. 任何发电机定子的功用都是产生交流电。（　　）
7. 9管硅整流发电机的功用是只向发电机磁场绕组提供励磁电流。（　　）

三、选择题

1. 当交流发电机处在高速运转时（正常工作状态），若突然失去负载，端电压会急剧（　　）。

A. 升高　　B. 减小　　C. 不变

2. 6管交流发电机的整流器是由（　　）只硅二极管组成。

A. 4　　B. 5　　C. 6

3. 起动机工作时是由（　　）供电。

A. 蓄电池　　B. 发电机　　C. 发电机和蓄电池同时

4. 车用交流发电机的三相绕组多采用（　　）联结。

A. 任意　　B. 三角形　　C. 星形

5. 硅整流发电机是利用（　　）进行整流。

A. 二极管　　B. 三极管　　C. 电阻

6. 当交流发电机的转速保持一定时，输出电流与端电压的变化规律是交流发电机的（　　）。

A．输出特性　　B．空载特性　　C．外特性

四、名词解释

1．交流发电机的空载特性

2．交流发电机的输出特性

五、简答题

1．简述汽车发电机的功用。

2．简述无刷交流发电机的优缺点。

3．画图并说明交流发电机的外特性。

§2—2　交流发电机电压调节器

一、填空题（将正确答案填写在横线上）

1．电压调节器可以分为________________、________________和________________。

2．单级电磁振动式电压调节器调节磁场电流的方法是通过__________，使电阻串入和退出励磁电路来调节磁场电流。

3．双级电磁振动式电压调节器调节磁场电流的方法是先通过____________，使电阻串入和退出磁场电路，从而改变磁场电路电阻值来调节磁场电流，而当转速继续升高，一级触点工作失控后，再利用______________，将电阻串入磁场电路；或触点闭合，通过将磁场绕组短路来调节磁场电流。

二、判断题（对的打“√”，错的打“×”）

1．晶体管式电压调节器与集成电路电压调节器的工作原理相同。（　　）

2．晶体管式电压调节器是利用晶体三极管的开关特性制成的。（　　）

3．双级电磁振动式电压调节器的优点是触点火花小，调整容易。（　　）

三、选择题

1．发电机的输出电压随转速升高而（　　），所以要使用电压调节器。

A．不变　　B．降低　　C．升高

2．发电机电压调节器的作用是（　　）发电机的输出电压。

A．升高　　B．降低　　C．稳定

四、简答题

1．电压调节器的功用是什么？

2．简述电压调节器的调压原理。

3. 简述晶体管式电压调节器的优点。

4. 什么是集成电路调节器？

§2—3 交流发电机及其电压调节器的使用与维修

一、填空题（将正确答案填写在横线上）

1. 汽车交流发电机均为________极搭铁。

2. 电压调节器与发电机的搭铁形式必须________________。

3. 用直尺检查电刷外露的长度，一般不小于______ mm，否则应更换______或______。

二、判断题（对的打"√"，错的打"×"）

1. 汽车交流发电机均为正极搭铁，蓄电池搭铁极性必须与此相同。（　　）

2. 电压调节器的工作电压与交流发电机的输出额定电压等级必须一致。（　　）

3. 发电机熄火时，应将点火开关断开。（　　）

4. 发电机运转时，绝对不能用试火花的方法检查发电机是否发电，否则容易损坏二极管。（　　）

5. 发电机与蓄电池之间的导线要连接可靠。（　　）

6. 发电机可以分解，用兆欧表检查发电机的绝缘情况。（　　）

三、选择题

1. 用万用表检查发电机的内部电路时，若将红（+）、黑（-）测试棒交换测量，表的读数均为0或∞，表明发电机的硅整流器（　　）。

A. 断路　　B. 开路　　C. 损坏

2. 对V形皮带进行松紧度检查时，用大拇指下压（压力为30~40 N）风扇皮带，其挠度应为（　　）mm，若不符合规定，应予调整。

A. 0 ~ 5　　　　B. 10 ~ 15　　　　C. 15 ~ 25

3. 对电压调节器进行检查时，当发电机以 3 000 r/min 运转，调节电压应为（　　）V。若不符合规定值，应进行检查及调整。

A. 11. 8 ~ 12. 8　　　　B. 12. 8 ~ 13. 8　　　　C. 13. 8 ~ 14. 8

四、简答题

1. 简述交流发电机在使用和维护中应特别注意的问题。

2. 正确使用电压调节器时需注意哪几点？

第三章 起动系统

§3—1 起动机概述

一、填空题（将正确答案填写在横线上）

1．现代汽车发动机的起动方法大都采用______起动。

2．汽车的起动系统主要由__________、起动继电器（有的车没有起动继电器，而由点火开关直接控制）、__________及__________等组成。

3．起动机按控制方式的不同分为________________和________________。

4．起动机按传动机构齿轮啮合方式的不同分为________________、________________和______________。

二、判断题（对的打"√"，错的打"×"）

1．起动机的功用是将蓄电池的电能转变成机械能。（　　）

2．起动系由蓄电池和起动机两部分组成。（　　）

3．起动机励磁绕组断路一般是由于焊点脱焊或虚焊造成的。（　　）

4．现代汽车广泛采用强制啮合式起动机。（　　）

5．现代汽车很少使用惯性啮合式起动机。（　　）

三、选择题

1．电起动是以（　　）为电源。

A．发动机　　B．蓄电池

2．人力起动机仅适用于一些（　　）的发动机。

A．大功率　　B．小功率

3．（　　）起动机结构复杂，仅用在一些大功率柴油机上。

A．电枢移动式　　B．强制啮合式　　C．惯性啮合式

四、简答题

起动机由哪几部分组成？电起动是如何工作的？

§3—2　起动机用直流电动机

一、填空题（将正确答案填写在横线上）

1. 串励直流电动机将蓄电池电能转换为______能。

2. 磁极的作用是在电动机中产生__________，它由____________和____________组成。

3. 电枢主要由________、________、________和________组成。

4. 对于功率较大的串励直流电动机，不允许在________或________下运行，与它连接的工作机械一般都采用刚性连接或齿轮连接。

5. 起动机做空转试验时转速低于规定值，同时电流大于规定值，一般为__________；若在制动试验时，电源电压和电流一定的情况下转矩明显低于规定值，一般为__________。

二、判断题（对的打“√”，错的打“×”）

1. 串励直流电动机的定子磁场绕组与电枢绕组是并联连接的。（　）
2. 电刷由铜粉与石墨粉压制而成，加入铜是为了减小电阻并增加耐磨性。（　）
3. 串励直流电动机的工作特性中，起动机起动的瞬间，电枢电流最大。（　）
4. 串励直流电动机的工作特性中，起动机空转时，电枢电流最大。（　）
5. 直流电动机是将电能转化为机械能的设备。（　）

三、选择题

1. 电刷的作用是将电流引入（　）。
   A. 控制装置　　B. 传动机构　　C. 电动机
2. 起动机换向器的作用是（　）。
   A. 整流　　B. 直流电转换为交流电　　C. 维持电枢定向运转
3. 电枢的作用是产生（　）。
   A. 整流　　B. 电磁转矩　　C. 使转矩输出稳定
4. 直流电动机的作用是将电能转变为（　）。
   A. 机械能　　B. 热能　　C. 磁场能

四、名词解释

1. 起动机的工作特性

2. 起动机的软特性

五、简答题

1. 串励直流电动机主要由哪几部分组成?

2. 简述直流电动机的工作原理。

§3—3 起动机的传动机构和控制装置

一、填空题（将正确答案填写在横线上）

1. 离合器属于起动机的______机构。
2. 起动机的控制装置主要有____________和______________。
3. 汽车上常见的单向离合器有________、________、________等。
4. 起动继电器是起动系统控制电路的主要部件之一，有__________式起动继电器和__________式起动继电器两种。

二、判断题（对的打“√”，错的打“×”）

1. 单向离合器属于起动机控制装置。（　　）
2. 电磁开关一般固定在起动机机壳上，其作用是接通和切断起动机与蓄电池的主电路。（　　）
3. 现代汽车起动机多采用电磁式拨叉。（　　）

4．单向离合器的作用是单方向传递转矩。 （ ）

5．滚柱式单向离合器结构简单、坚固耐用、工作可靠，但在传递较大转矩时容易卡住，故不能用于大功率起动机，而在中、小功率起动机中得到了广泛应用。 （ ）

6．弹簧式单向离合器可在小型起动机上装用。 （ ）

三、选择题

1．现代汽车起动系多装用（ ）式起动继电器。

A．单联　　B．组合

2．大、中功率的起动机多采用（ ）式单向离合器。

A．摩擦片　　B．滚柱　　C．弹簧

3．（ ）式单向离合器是目前汽车起动机使用最多的一种。

A．摩擦片　　B．滚柱　　C．弹簧

四、简答题

1．起动机传动机构的作用与构成是什么？

2．组合式起动继电器的作用是什么？

§3—4　起动机的使用与故障诊断

一、填空题（将正确答案填写在横线上）

1．使用起动机时，应挂______或踏下__________，严禁用________的方法移动车辆。

2．起动机常见故障有____________、____________、____________、____________。

二、判断题（对的打“√”，错的打“×”）

1．为了确保汽车发动机可靠地起动，应保持蓄电池处于充足电状态，保证起动机、蓄电池、点火开关以及搭铁线等连接牢固，接触良好。 （ ）

2．冬季和低温区冷车起动时，应先将发动机预热后，再使用起动机起动。（　　）

三、选择题

1．起动机每次的起动时间不得超过（　　）s。

A．5　　　　B．10　　　　C．15

2．两次起动间隔时间不应少于（　　）s。

A．5　　　　B．10　　　　C．15

3．发动机起动后，应及时切断起动开关，使驱动齿轮退出啮合，减少（　　）的磨损。

A．蓄电池　　　　B．点火开关　　　　C．单向离合器

四、简答题

1．起动机不运转的故障原因有哪些？

（故障现象：将点火开关转至起动挡，起动机并不运转）

2．起动机空转的故障原因有哪些？

（故障现象：将点火开关转至起动挡后，起动机只是空转，驱动齿轮不能与飞轮齿环啮合带动发动机运转）

第四章　点 火 系 统

§4—1　传统点火系统

一、填空题（将正确答案填写在横线上）

1．传统点火系统主要由________、________、________、________、____________和________组成。

2．断电分电器主要由__________、__________、__________和__________等组成。

3．传统点火系统的缺陷主要有________________________，______________________，______________________________。

二、判断题（对的打"√"，错的打"×"）

1．断电器用来接通和切断点火线圈一次绕组，主要由凸轮、断电器触点、断电器活动触点臂等组成。（　　）

2．分电器将点火线圈产生的高压电按发动机气缸的工作顺序配送给各缸火花塞。（　　）

3．汽车发动机所需要的点火能量应不少于 50 mJ，否则混合气不易点燃。（　　）

三、简答题

简述传统点火系统的工作原理。

§4—2　电子点火系统

一、填空题（将正确答案填写在横线上）

1．电子点火系统又称为____________系统，它是利用____________作为开关，接通和切断____________的点火系统。

2．按信号发生器的形式不同，电子点火系统可分为____________________________、________________________、__________________________和________________________四类。

3．按控制方式不同，电子点火系统可分为__________________和__________________两类。

4．磁感应电子点火系统又称为____________电子点火系统，其点火信号发生器是采用____________原理制成的。

二、判断题（对的打“√”，错的打“×”）

1．电子点火控制器简称电子点火器，主要任务是接收传感器输出的脉冲电信号，控制点火线圈初级电路的通断。（　）

2．有触点电子点火系统是使用最早的一种电子点火系统，它去除了分电器中的断电器触点。（　）

3．光电式电子点火系统是利用光敏元件的光电效应原理制成的。（　）

4．光电式电子点火系统中光敏元件主要是指光敏三极管或光敏二极管。（　）

三、简答题

1．什么是霍尔效应？

2．简述振荡式电子点火系统的工作原理。

§4—3 微机控制点火系统

一、填空题（将正确答案填写在横线上）

1. 汽油发动机采用微机控制点火系统能将点火提前角控制在__________，使可燃混合气燃烧后产生的温度和压力达到__________，从而提高发动机的动力性，同时还能提高燃油__________和减少有害气体的__________。

2. 微机控制点火系统的功能主要包括____________、__________和__________三个方面。

3. 微机控制点火系统一般由_______________、_______________、_______________、_______________、_______________、_______________等组成。

4. 点火线圈的作用是将蓄电池或发动机供给的低压电转变为____________的高压电。

5. 火花塞根据热特性可以分为________、________和________三种。

6. 无分电器微机控制点火系统可分为______________和______________两种。

7. 微机控制点火系统的控制方式主要分为___________和____________两种。

8. 火花塞的电极间隙一般为____________，部分汽车发动机火花塞的电极间隙稍大，可以达到____________。

9. 传感器的作用是检测发动机运行中与点火有关的各种________，并将检测结果转变为________输入微机，作为计算机选择、计算和控制点火提前角的依据。

10. 微机控制点火系统根据各__________提供的信号，随发动机工况的变化自动地调节____________，使发动机在任何工况下，均能获得最佳点火提前角。

11. 最佳点火提前角随负荷的增大相应____________。

12. 初始点火提前角，又称固定点火提前角，一般为上止点前____________，如桑塔纳2000LJi型车的初始提前角为____________。

13. 点火线圈初级电路导通的时间，称为____________。

二、判断题（对的打“√”，错的打“×”）

1. 当汽车发动以后，由蓄电池提供电源。（ ）

2. 点火线圈有开磁路式和闭磁路式之分。（ ）

3. 火花塞的作用是将点火线圈产生的高压电引入燃烧室，并在其间隙中产生电火花，点燃混合气。（ ）

4. 火花塞的热特性主要取决于绝缘体裙部的长度。（ ）

5. 电极间隙指的是中心电极与侧电极之间的间隙。（ ）

6. ECU设有专门的控制程序和控制方式对发动机在起动、怠速工况时进行点火控制。（ ）

7. 发动机在起动时若检测到冷却液温度过高，则适当增大起动时的初始点火提前角。（ ）

8. 发动机冷车起动后，当冷却液温度较低时，增大点火提前角。 ( )
9. 发动机转速增加，点火提前角应减小。 ( )
10. 在发动机转速一定时，发动机负荷增加，点火提前角应减小。 ( )
11. 发动机微机控制点火系统的英文缩写为 MCI。 ( )
12. 发动机微机控制点火系统的英文缩写为 ECU。 ( )
13. 闭环控制方式基本不受使用因素的影响，控制精度较高。 ( )
14. 开环控制方式基本不受使用因素的影响，控制精度较高。 ( )

三、选择题

1. 点火提前角在发动机的负荷变化时应（ ）。
   A. 自动变大 B. 自动减小 C. 保持不变 D. 不能确定
2. 适用于低速、低压缩比、小功率发动机的是（ ）型的火花塞。
   A. 冷 B. 热
3. 适用于高速、高压缩比、大功率发动机的是（ ）型的火花塞。
   A. 冷 B. 热

四、简答题

1. 简述微机控制点火系统的常用传感器名称及作用。

2. 简述点火提前角和最佳点火提前角的概念。

3. 写出微机控制点火系统中实际点火提前角的计算公式。

4. 画出带有爆燃控制的点火提前角闭环控制框图。

§4—4 点火系统的维护与故障诊断

一、填空题（将正确答案填写在横线上）

1. 当需要拆卸点火系统的连接导线或安装测试仪器时，应按维修手册的要求，关闭______________或拆下蓄电池的______________。

2. 当需要拆下高压线或点火线圈时，一定要在发动机__________之后进行，拆卸和安装火花塞要使用________工具，并按规定________拧紧。

3. 在判断点火系统的故障时，不要使高压电路处于________状态，否则极易使点火器中的____________损坏。

4. 火花塞常见故障主要有________、_____________、______________、_____________和________________等。

二、简答题

简述爆燃传感器电阻的检测方法。

第五章　照明与信号系统

§5—1　照 明 系 统

一、填空题（将正确答案填写在横线上）

1. 前照灯俗称________，有________式和________式两种。

2. 前照灯应保证低能见度行车时，能够使驾驶员辨明车前__________ m以内路面上的任何障碍物。目前，高速汽车要求其照明距离为__________ m。

3. 前照灯应具有______________装置。

4. 前照灯按灯芯总成的结构不同，可分为__________、__________、__________三种。

5. 前照灯的光学系统由__________、__________和__________三部分组成。

二、判断题（对的打"√"，错的打"×"）

1. 前雾灯和后雾灯的灯光颜色相同。（　　）

2. 前大灯的灯泡功率一般为40～60 W。（　　）

3. 顶灯装于驾驶室或车厢顶部，用于内部照明。（　　）

4. 前大灯的防炫目装置可有可无。（　　）

三、选择题

1. 雾灯灯泡功率一般为（　　）W。

   A. 60　　B. 80　　C. 35　　D. 15

2. 牌照灯装于汽车尾部的车牌上方左右两侧，用于（　　）照亮车牌。

   A. 白天　　B. 夜间

3. 汽车照明灯包括（　　）。

   A. 前照灯、倒车灯、牌照灯　　B. 前照灯、倒车灯、仪表灯

   C. 阅读灯、雾灯、仪表灯

四、简答题

1. 简述汽车照明系统的作用。

2. 汽车对前照灯的照明基本要求是什么？

3. 简述利用屏幕检验法检验前照灯的步骤。

§5—2 信号系统

一、填空题（将正确答案填写在横线上）

1. 转向灯一般有____只或____只，装在汽车前后或侧面翼子板上，____色，主转向灯功率一般为____ W，侧转向灯一般为____ W。

2. 示高灯一般用在__________或________车厢上，标示________信息。

3. 汽车转向信号装置包括____________、__________和________。

4. 常用的汽车用闪光器有________、________、________、________、________等多种。

5. 制动信号装置主要由______________、___________和________________组成。

6. 制动开关有________、________和________三种。

二、判断题（对的打“√”，错的打“×”）

1. 闪光灯可以用作危险报警之用。（　　）

2. 如果所有转向信号灯亮，但是不闪烁，基本上可以肯定是转向灯开关的故障。（　　）

3. 制动灯大多与尾灯合成一体，用双丝灯泡或两个单丝灯泡制成。（　　）

三、选择题

1. 制动灯俗称“刹车灯”，装于汽车尾部，功率为21 W，（　　）灯光。

A. 黄色　　B. 白色　　C. 红色

2．闪光器的作用是（　　）在电路中，使转向灯亮、暗交替闪烁。

A．串联　　　　　　　　　　B．并联

四、简答题

1．汽车转向灯系统常见的故障有哪些？

2．简述电容式闪光器的工作原理。

第六章 电 气 仪 表

§6—1 机油压力表

一、填空题（将正确答案填写在横线上）

1．机油压力表简称__________，最高油压一般不应超过________MPa。

2．一般汽车上传统的油压表有_____________、_____________、_____________三种，但最常见的是__________机油压力表。

二、简答题

简述如图 6—1—1 所示弹簧管式机油压力表的工作原理。

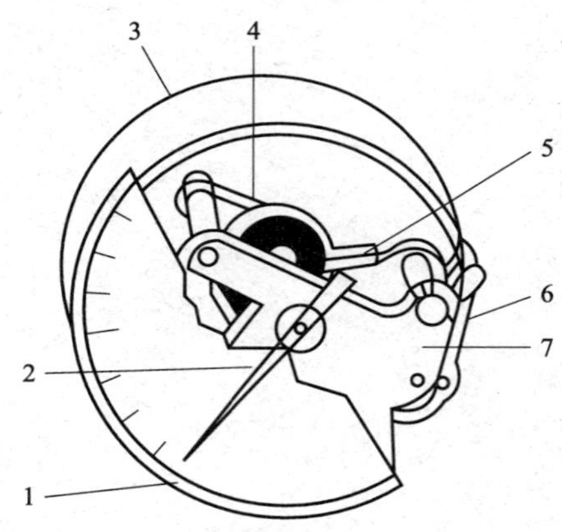

图 6—1—1 弹簧管式机油压力表

1—刻度面 2—指针 3—弹簧管 4—游丝 5—扇形齿 6—传动杠杆 7—底板

§6—2 水 温 表

一、填空题（将正确答案填写在横线上）

1. 水温表是用来指示发动机水套中__________工作温度的仪表。
2. 发动机正常工作时的水温一般在__________℃左右。
3. 水温表由______________和______________两部分组成。
4. 常用的水温指示表有__________和__________，安装于仪表板上。

二、简答题

简述如图 6—2—1 所示热敏电阻水温传感器的工作原理。

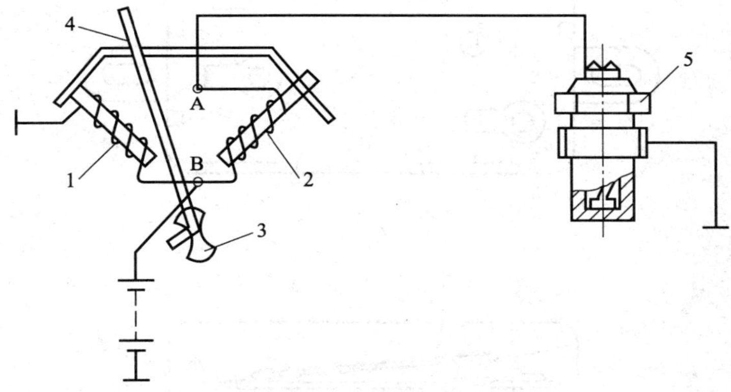

图 6—2—1 热敏电阻水温传感器

1—左线圈 2—右线圈 3—铁转子 4—指针 5—负温度系数热敏电阻传感器

§6—3　燃油表和仪表稳压器

一、填空题（将正确答案填写在横线上）

1．燃油表由装在油箱中的__________和装在仪表板上的__________两部分组成。

2．燃油表是用来______________________________________。

3．电路中接入稳压器的目的是________________________的影响。

二、简答题

1．简述如图 6—3—1 所示仪表稳压器的工作原理。

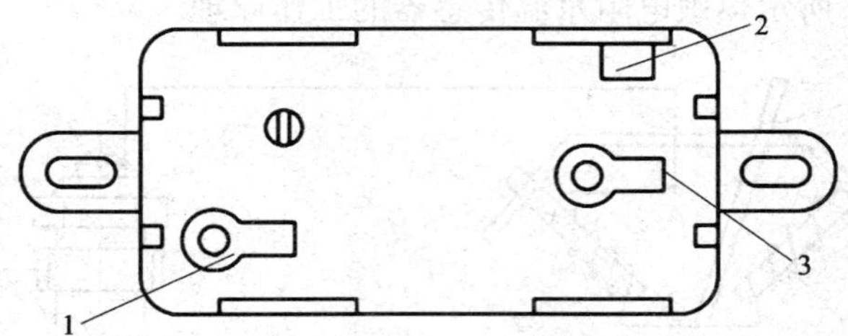

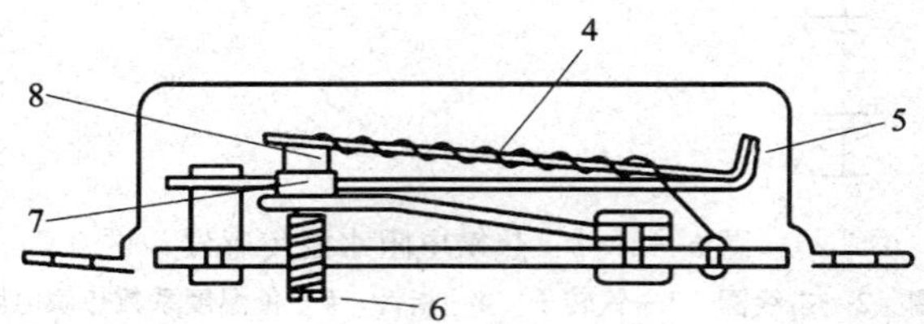

图 6—3—1　仪表稳压器

1—输出端　2—搭铁　3—输入端　4—电热线圈　5—双金属片
6—调整螺钉　7—固定螺钉　8—活动触点

2. 简述燃油压力表指示不准确的故障排除方法。

§6—4 车速里程表和发动机转速表

一、填空题（将正确答案填写在横线上）

1. 车速里程表是用来指示汽车行驶的________和累计所行驶的________。

2. 电传动动圈式车速里程表由________________、________________、____________以及____________等构成。

3. 发动机转速表可以直观地指示发动机的________，是发动机________信息的重要指示装置。

二、简答题

汽车行驶时，车速/里程表指针不动或其指示值误差较大，其主要故障原因可能是什么？

§6—5 电子仪表装置

一、填空题（将正确答案填写在横线上）

1. 组合式数字仪表就是将各仪表组合安装在一起，由 ECU 采集__________的信号，将__________转换为__________，经分析处理后控制显示装置的仪表。

2. 汽车电子组合仪表的显示系统主要有__________________式、__________________式、____________________3 种显示方式。

二、简答题

1．简述汽车数字仪表的优点。

2．根据如图6—5—1所示仪表符号写出相应的汽车信息名称。

图6—5—1　仪表符号

§6—6　报 警 装 置

一、填空题（将正确答案填写在横线上）

1．当车辆润滑系统的机油压力降低到允许限度时，____________报警灯亮，提醒驾驶员注意。

2．如果车辆在行驶中，不论制动与否，低气压警告灯或液面过低警告灯均亮，则首先检查并排除______________故障或______________故障。如果警告灯仍不灭，则应考虑是否为传感器故障和__________。

3. 汽车上设置________，用于警告行人和其他车辆，以引起注意，保证行车安全。按发音的动力分有_____________式和____________式。

二、简答题

1. 简述如图6—6—1所示制动液面过低报警装置的工作原理。

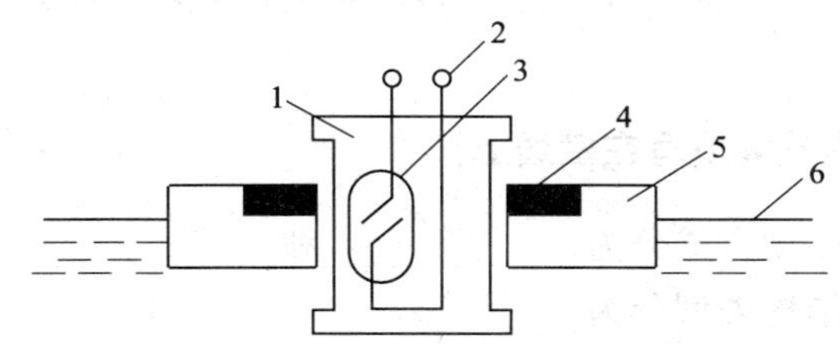

图6—6—1　制动液面过低报警装置

1—外壳　2—接线柱　3—舌簧开关　4—永久磁铁　5—浮子　6—液面

2. 简述如图6—6—2所示燃油油量过低报警装置的工作原理。

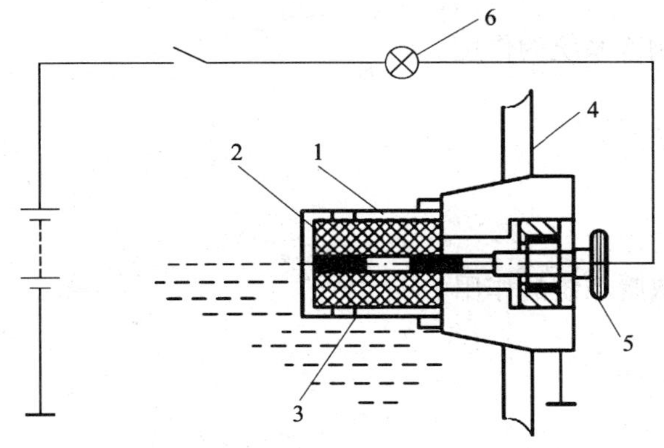

图6—6—2　燃油油量过低报警装置

1—外壳　2—防爆金属网　3—热敏电阻　4—油箱外壳　5—接线柱　6—报警灯

第七章　汽车空调系统

§7—1　汽车空调系统的分类与组成

一、填空题（将正确答案填写在横线上）

1．汽车空调系统按驱动方式分为____________和____________。

2．汽车空调系统按结构类型分为________、________和________。

3．汽车空调系统按蒸发器布置方式分为______________和____________。

4．汽车空调系统按蒸发器和冷凝器的数量分为________________、________________、____________和____________。

5．汽车空调制冷系统由____________、____________、____________、__________、__________、__________、__________、__________和__________等组成。

6．汽车空调取暖系统由__________、____________、__________和__________等组成。

7．汽车空气净化系统由________________、________________、________________和__________等组成。

二、简答题

1．简述汽车空调制冷系统的作用。

2．简述汽车空调取暖系统的作用。

3．简述汽车空气净化系统的作用。

§7—2　汽车空调制冷系统的结构与工作原理

一、填空题（将正确答案填写在横线上）

1．过去汽车空调所用的制冷剂一般为__________，目前常用__________替代。

2．电磁离合器是空调系统中的执行元件，它受__________、__________、__________和__________的控制。

3．蒸发器的作用是将膨胀阀节流而成的__________、__________制冷剂与需要降温的空气进行热交换，而使车内的空气温度降低。

4．冷凝器的作用是将压缩后的__________、__________制冷剂冷却凝结为__________制冷剂。

二、简答题

简述压缩机的作用。

三、识图题

1．写出汽车空调制冷系统各组成部分的名称（图 7—2—1）。

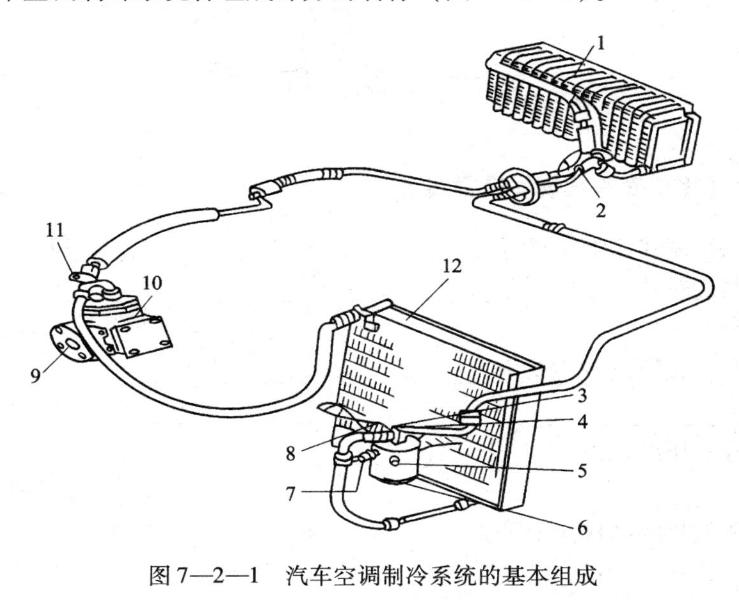

图 7—2—1　汽车空调制冷系统的基本组成

1—__________　2—__________　3—__________　4—__________　5、11—__________

6—__________　7—__________　8—__________　9—__________　10—__________　12—__________

2. 写出汽车空调制冷系统工作原理图中各部件的名称（图 7—2—2）。

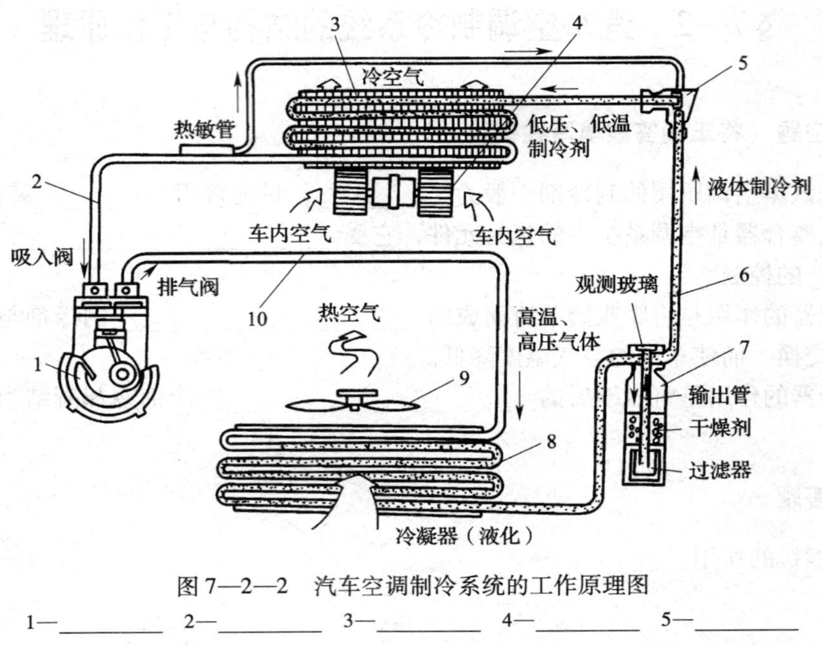

图 7—2—2　汽车空调制冷系统的工作原理图

1—________　2—________　3—________　4—________　5—________

6—________　7—________　8—________　9—________　10—________

§7—3　压　缩　机

一、填空题（将正确答案填写在横线上）

1. 汽车空调往复式压缩机可分为________、________、________和________等。

2. 汽车空调旋转式压缩机可分为__________、__________、__________、__________以及________等。

3. 往复型曲轴式压缩机主要由__________、__________、____________、_________、________、_________、_________、_________、_______、_______、________等组成。

4. 旋转斜板式压缩机由_________、_________、_________、_________、_________、____________________、______、______、______、______、______等组成。

5. 涡旋式压缩机的结构主要分为__________和__________两种。

二、识图题

写出摇动斜板式压缩机各部件的名称（图 7—3—1）。

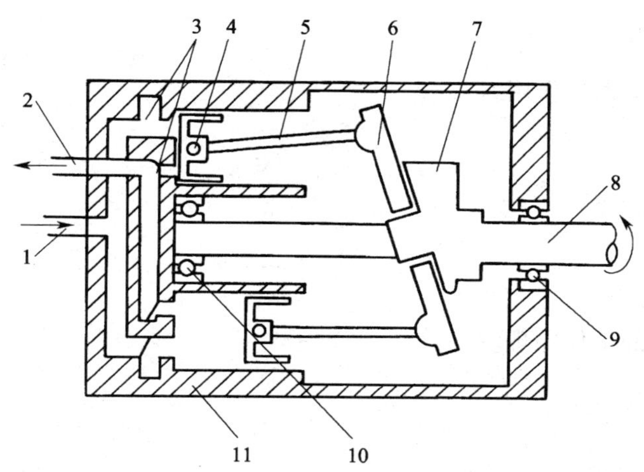

图 7—3—1　摇动斜板式压缩机

1—________　2—________　3—________　4—________　5—________　6—________

7—________　8—________　9、10—________　11—__________

§7—4　冷凝器、储液干燥器、蒸发器

一、填空题（将正确答案填写在横线上）

1. 冷凝器的结构形式有__________、__________和__________三种。

2. 储液干燥器一般安装在____________和____________之间，主要由____________、__________、__________、__________和__________这几部分构成。

3. 储液干燥器常用的干燥剂有________、__________、__________、__________等。

4. 蒸发器的结构形式主要有__________、__________和__________三种。

二、选择题

1. 蒸发器出口处的制冷剂应该是（　　）。

A. 全部气化　　B. 部分气化　　C. 全部液化

2. 膨胀管式制冷系统中的储液干燥器应安装在（　　）。

A. 冷凝器与膨胀管间　　B. 膨胀管与蒸发器间　　C. 蒸发器与压缩机间

三、简答题

1. 简述储液干燥器的作用。

2. 简述蒸发器的工作原理。

四、识图题

写出储液干燥器各组成部分的名称（图 7—4—1）。

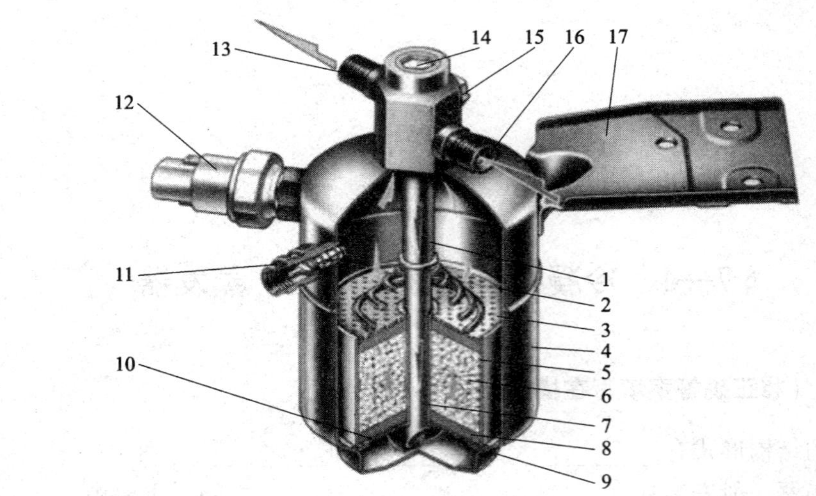

图 7—4—1　储液干燥器

1—________　2—________　3—________　4—________　5—________　6—________

7—________　8—________　9—________　10—________　11—________

12—________　13—________　14—________　15—________

16—________　17—________

§7—5 控 制 阀

一、填空题（将正确答案填写在横线上）

1. 膨胀阀的主要作用有__________、__________、____________________________。

2. 膨胀阀可分为________、________和________三种。

3. 膨胀阀是制冷剂循环中______与______之间的分界点。在通过膨胀阀前，制冷剂是__________；在通过膨胀阀后，制冷剂是______、__________液体和__________混合物。

二、选择题

1. 外部均压式膨胀阀下方的压力来自（　　）。
   A. 蒸发器入口　　B. 蒸发器出口　　C. 压缩机出口

2. 蒸发压力调整阀的作用是（　　）。
   A. 防止膨胀阀结冰　　B. 防止制冷剂流量过大　　C. 防止压缩机结霜

三、名词解释

液击

§7—6 电磁离合器和空气净化装置

一、填空题（将正确答案填写在横线上）

1. 电磁离合器主要由________、__________、__________、__________、__________、__________和__________等零部件组成。

2. 电磁离合器有________和________两种。

3. 汽车上使用的空气净化装置主要有__________和________________两种。

4. 静电式空气净化器主要由________、________、________、________和________五部分组成。

二、简答题

简述定圈式离合器的工作原理。

§7—7 电 气 系 统

一、填空题（将正确答案填写在横线上）

1. 汽车空调电气系统基本上都是由__________、__________、____________________、__________、__________、__________、__________和__________等八大部分组成。

2. 继电器常用的有_______________继电器和__________继电器，它们都是由______、______、______、______、______和_______________组成的。

3. 汽车空调常用温控开关有________和________两种。

4. 压力开关是一种受__________控制的电器开关，安装在______________与______之间的____管道上。

5. 电子式温度控制器主要是__________式，热敏电阻具有____温度系数，当热敏电阻的温度______时，其电阻值______，反之，电阻值______。

6. 热敏电阻式温度控制器主要由__________、__________、__________和__________等元件组成。

7. 空调安全保护电路由__________、__________、______和______组成。

二、名词解释

低压开关

三、简答题

1. 简述压力开关的作用。

2. 简述温控开关的作用。

3. 简述空调安全保护电路的作用。

4. 简述发动机怠速提升装置的作用。

§7—8 典型空调系统简介

一、填空题（将正确答案填写在横线上）

1. 上海桑塔纳轿车采用__________的组合式空调系统，其中制冷部分由__________及__________两大部分组成。

2. 三电公司的 SD—508 型压缩机属__________式，排量为________，有______缸。

3. 上海桑塔纳轿车采用__________冷凝器，安装在发动机__________前面。

4. 高压开关控制散热风扇的高速挡，当系统压力大于________时，高压开关________；当系统压力小于________时，高压开关________高速风扇。

5. 桑塔纳轿车采用的是__________热力膨胀阀，它能将由储液干燥器来的__________制冷剂转化为____________制冷剂送入蒸发器。

6. 桑塔纳轿车空调系统电气控制电路由____电路、__________电路、__________电路和__________电路组成。

7. 内置式中、小型空调装置中还装有怠速继电器，当发动机转速低于__________时，控制器触点断开，空调系统全部停止工作，以保证整车正常供电。

8. KQ 系列空调系统的________和________合成一体，装于车顶外面，由于装于车顶，冷凝效果________，污染________。

二、简答题

简述桑塔纳空调系统低压开关的工作条件。

§7—9　汽车空调系统的使用与故障诊断

一、填空题（将正确答案填写在横线上）

1. 天气炎热的夏天，应将车辆停放在________处，否则应先打开__________，待行车________左右，车内热空气排出后，再关闭车窗，打开空调。

2. 普通汽车空调面板上设有三个控制开关，分别是__________开关、__________开关和__________开关。

3. 鼓风机开关设有____个不同的转速。鼓风机为________电动机，与它串联的还有一个__________开关，当温度超过一定值时开关__________。

4. 空调方式选择开关可选择__________个不同位置。对应的含义如下：OFF 表示__________位置；MAX 表示__________位置；NORM 表示__________位置；BI—LEV 表示__________位置；HEAT 表示____________位置；VENT 表示____________位置；DEF 表示__________位置。

5. 温度选择开关是控制__________的开关，当开关处在左半区时，送入车内的空气是______________空气，称之为____________。当开关处在右半区时，送入车内的空气是经过____________后的__________空气，称之为__________。

6. 引起汽车空调故障的原因归纳起来可用____、____、____、____、____几个字来概括。

7. 诊断汽车空调系统的故障，一般是通过____、____、____、____，然后________，找出故障所在。

8. 汽车空调系统故障的判断应掌握先______后______的原则。维修人员首先应着手进行______，进而确认是______还是__________，然后采用前述的方法__________。

二、简答题

1．简述汽车空调系统常见的故障。

2．简述汽车空调中制冷系统一般的故障现象。

§7—10　汽车暖风装置

一、填空题（将正确答案填写在横线上）

1．汽车空调供暖系统按被加热空气的吸入方式，可分为__________式、__________式和____________式。

2．汽车空调供暖系统根据热源分为________暖风装置、________暖风装置、________暖风装置和__________暖风装置。

3．水暖式暖风装置一般以________作为热源，将其引入车辆内的________中，使鼓风机送来的空气与热交换器中的冷却液进行热交换，再由鼓风机将加热后的空气送入车厢内。

4．暖风加热器目前的结构形式主要有________式和________式两种，现在用得最多的是________式加热器，可以采取减小________、在散热翅片上________等措施，以提高其传热效率。

5．气暖式供暖系统是利用发动机的________进行车厢采暖，在汽油发动机中，排气带走的热量约占______，在柴油发动机中，则占______左右。

6．燃烧式暖风装置的优点是热容量，热效率，供暖________，所以广泛被________所采用。

二、简答题

1．简述汽车空调供暖系统的作用。

2．不供暖或供给暖气不足的故障有哪些？

三、识图题

1．写出水暖式暖风装置各组成部分的名称（图 7—10—1）。

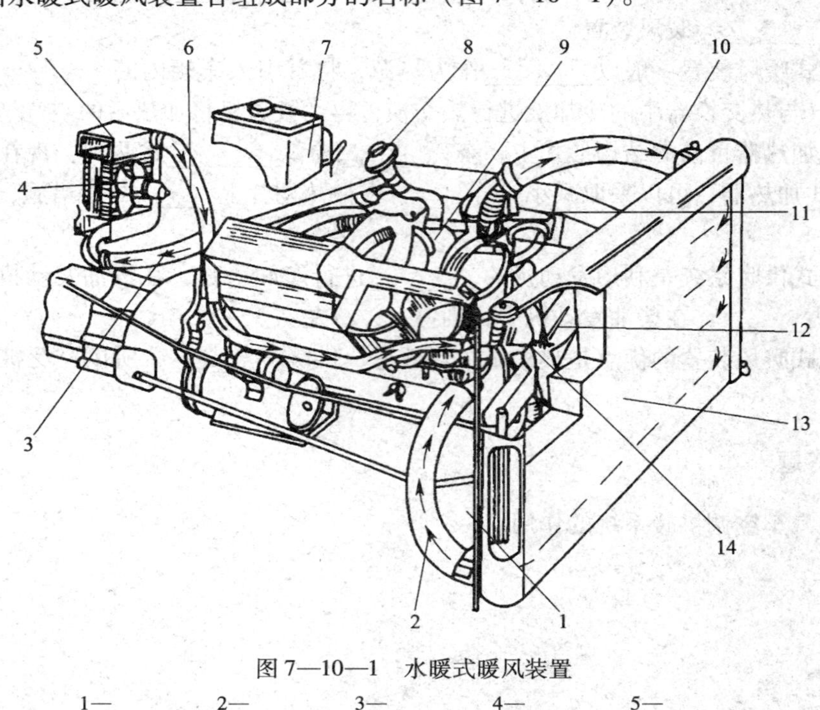

图 7—10—1　水暖式暖风装置

1—________　2—________　3—________　4—________　5—________

6—________　7—________　8—________　9—________　10—________

11—________　12—________　13—________　14—________

2. 写出独立式水暖暖风装置各组成部分的名称（图 7—10—2）。

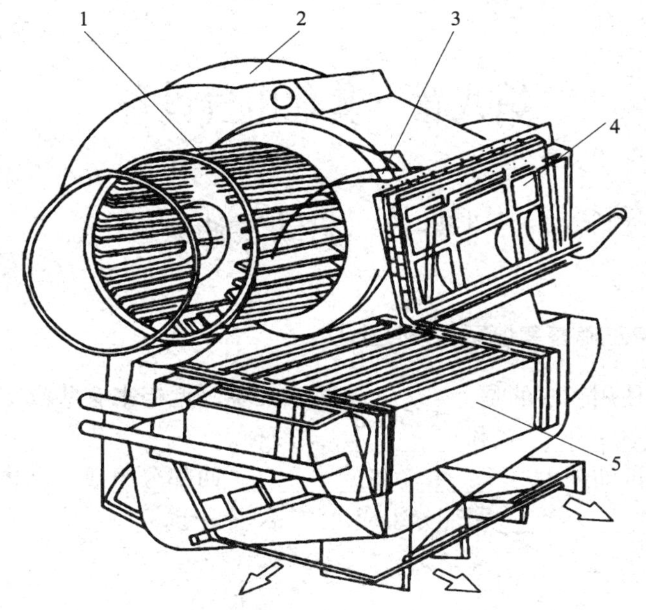

图 7—10—2　独立式水暖暖风装置

1—________　2—________　3—________　4—________　5—________

第八章　其他电气设备

§8—1　电动汽油泵

一、填空题（将正确答案填写在横线上）

1. 汽车上原来使用较多的是__________式汽油泵，近年来有些汽车采用了__________汽油泵，常用的有__________式和__________式两种。

2. 触点式电动汽油泵由__________和__________两部分组成，晶体管电动汽油泵主要由______________和__________两部分组成。

二、简答题

1. 简述触点式电动汽油泵的使用注意事项。

2. 简述晶体管电动汽油泵的使用注意事项。

三、识图题

写出晶体管电动汽油泵各组成部分的名称（图 8—1—1）。

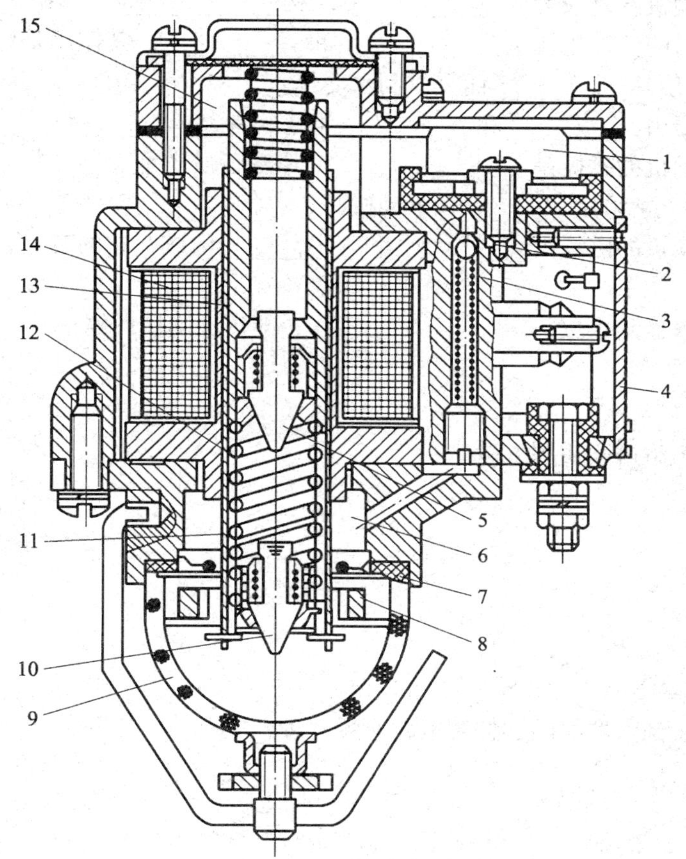

图 8—1—1 晶体管电动汽油泵

1—_______ 2—_______ 3—_______ 4—_______ 5—_______

6—_______ 7—_______ 8—_______ 9—_______ 10—_______

11—_______ 12—_______ 13—_______ 14—_______ 15—_______

§8—2 电动刮水器、风窗玻璃洗涤器

一、填空题（将正确答案填写在横线上）

1. 电动刮水器由__________、__________、__________和__________等组成。

2. 电动机产生刮水器的动力，分为__________和__________两种。

3. 刮水器所用的励磁式电动机通常采用________，即磁极有____、____励绕组各一个，以便于电动机的__________控制。

4．永磁式电动机的磁极为＿＿＿＿＿，其结构＿＿＿＿＿＿、功率＿＿、耗电＿＿。

5．电动刮水器的传动机构包括＿＿＿＿＿和＿＿＿＿＿，其作用是将电动机的动力传递给＿＿＿＿＿，使其＿＿＿＿＿而完成刮水动作。

6．刮水片主要由＿＿＿＿＿和＿＿＿＿＿组成，有＿＿＿＿＿和＿＿＿＿＿两种形式。

7．永磁式电动机的磁极是＿＿＿＿＿＿＿，其磁场强弱是＿＿＿＿＿改变的，为了得到两种转速，汽车上常采用＿＿＿＿＿电动机。

8．复励式电动机的磁场由＿＿＿＿＿和＿＿＿＿＿构成，它的变速是通过改变磁极的＿＿＿＿＿实现的。

9．间歇式刮水器刮水按一定＿＿＿＿＿工作，即每次刮拭后停止＿＿＿＿＿。

二、简答题

1．简述电动刮水器的作用。

2．常见间歇式刮水器的间歇控制电路有哪几种？

三、识图题

1．写出电动刮水器各组成部分的名称（图 8—2—1）。

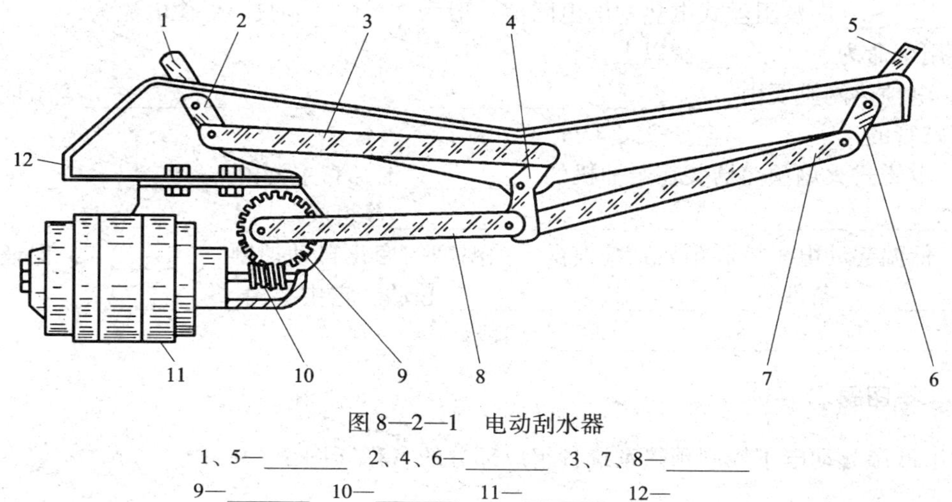

图 8—2—1　电动刮水器

1、5—________　2、4、6—________　3、7、8—________

9—________　10—________　11—________　12—________

2. 写出风窗玻璃洗涤器各组成部分的名称（图 8—2—2）。

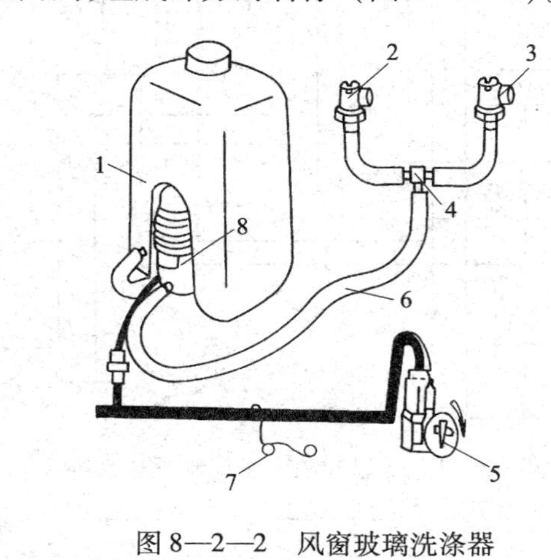

图 8—2—2　风窗玻璃洗涤器

1—________　2、3—________　4—________

5—________　6—________　7—________　8—________

§8—3　柴油机起动预热装置

一、填空题（将正确答案填写在横线上）

1. 电热塞的连接方式一般采用__________形式，一般预热时间为__________，不要超过__________。内装阻丝式电热塞的电阻值一般为__________Ω，工作电流为__________A，正常使用寿命为__________次以上。

2．电预热网主要由__________、__________、__________、__________等组成，安装在进气歧管的__________上。

3．电磁式火焰预热器装在柴油机的__________上，它主要由__________、__________、__________、__________、__________、__________等组成。

4．低温起动电子控制预热系统根据周围温度的变化自动控制__________，保证发动机能在__________条件下__________、__________起动。它主要由__________、__________、__________、__________、__________等组成。

二、识图题

写出低温起动电子控制预热系统各组成部分的名称（图 8—3—1）。

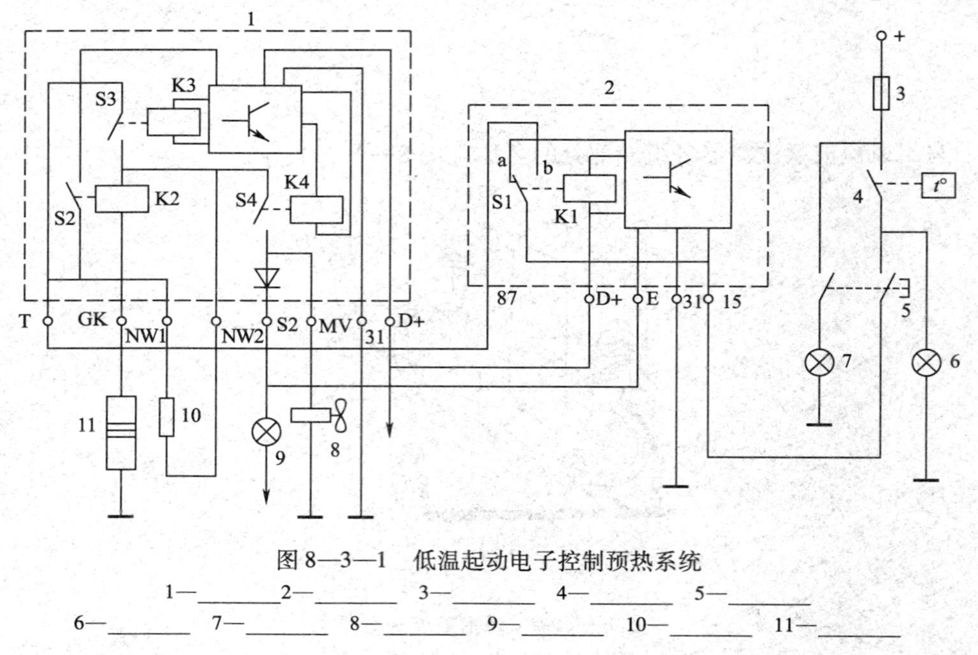

图 8—3—1　低温起动电子控制预热系统

1—________ 2—________ 3—________ 4—________ 5—________

6—________ 7—________ 8—________ 9—________ 10—________ 11—________

§8—4　汽车音响与汽车电话

一、填空题（将正确答案填写在横线上）

1．汽车音响由__________、__________及__________或__________组成。

2. 汽车收放机按功能可分为__________型、__________型、________型、__________型及__________型。

3. CD 唱机主要包括__________系统，__________系统，__________系统，解码、纠错和数/模转换器等__________系统及__________等。

4. 车载 DVD 的安装方式主要有____________式、____________式、____________式、__________式、__________式、__________式六种。

5. GPS（Global Position System）即__________系统，定位精度可达__________。

6. 一套汽车电话系统主要包括__________、__________、__________和__________四大部分。

二、名词解释

1. 自动线路规划

2. 人工线路设计

三、简答题

1. 简述 GPS 的作用。

2. 简述发射机的作用。

四、识图题

写出电动天线各组成部分的名称（图 8—4—1）。

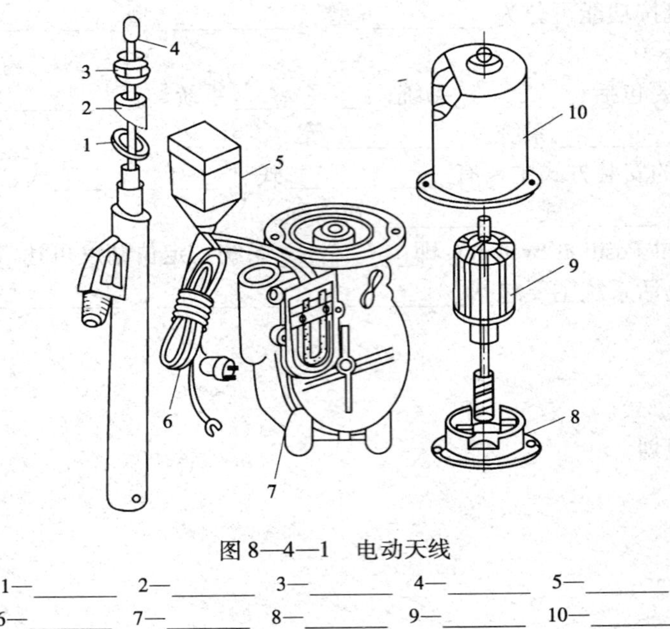

图 8—4—1　电动天线

1—________　2—________　3—________　4—________　5—________
6—________　7—________　8—________　9—________　10—________

§8—5　无线电防干扰装置

一、填空题（将正确答案填写在横线上）

1．为了防止汽车电气设备对无线电的干扰，在收放机天线上加装了__________，在电源上加__________，合理地选择__________并加上__________等，以便削弱或者消除____________。

2．在点火装置的高压电路中，阻尼电阻__________，防干扰效果__________，但阻值过大，又会影响点火的__________。阻尼电阻一般为__________kΩ，用__________材料制成。

二、简答题

汽车无线电防干扰装置的方式有哪些？

§8—6　其他辅助电器

一、填空题（将正确答案填写在横线上）

1．电动车窗由和车窗升降调节器连接的__________操纵。大多数汽车使用__________

式电动机，也有的使用__________式电动机。

2．永磁式电动机通过开关改变__________来改变电动机的旋转方向，使车窗升或降。所有的车窗系统都有__________套开关，有的车门上装有一个延时开关，在点火开关断电后约________min 内，仍有电流供应。

3．电动座椅有__________向、__________向、__________向移动等多种类型。两向座椅只能__________移动；四向座椅除____________移动外还可以____________；六向座椅除____________移动外，还可使座椅的____________和__________分别__________。

4．电动后视镜通常采用____________电动机，主要由____________、____________和__________组成。

5．防眩目后视镜由一面__________和两个__________及__________组成。

6．后窗除霜器电栅网线采用______________温度系数热敏电阻，温度降低时，电阻值__________；温度升高时，电阻值__________。当气温降低时，电路电阻__________，电流__________，从而使得除霜功能__________。

7．为了保证挂车照明、信号灯具的线路连接，货车一般都在其尾部设置了__________，它的接线有__________或__________两种形式。

二、简答题

简述电动后视镜的防眩目工作过程。

三、识图题

写出六向座椅调节器各组成部分的名称（图 8—6—1）。

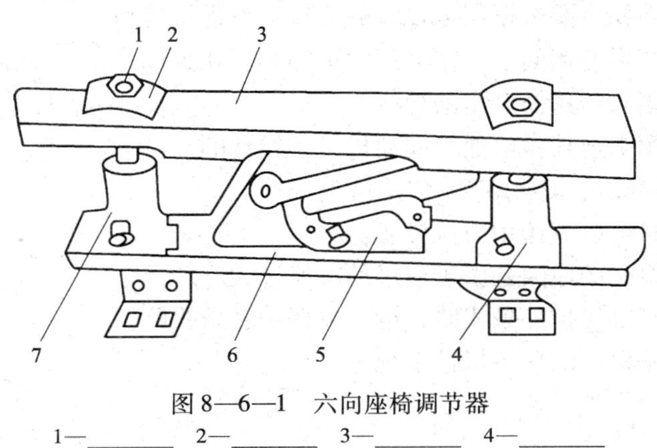

图 8—6—1　六向座椅调节器

1—_______　2—_______　3—_______　4—_______

5—_______　6—_______　7—_______

第九章　汽车电气设备总线路

§9—1　导线、插接器、开关、继电器与保险装置

一、填空题（将正确答案填写在横线上）

1. 汽车导线有__________和__________两种。低压导线分为__________、__________、__________。

2. 汽车用普通低压导线一般为______________软线，其截面面积主要根据用电设备的__________进行选择，但截面积不得小于__________ mm^2。

3. 随着汽车用电设备的增加，为了便于识别，汽车低压导线用__________标记，为了在电路图中标注方便，导线的各种颜色均用__________表示。

4. 为了衰减火花塞产生的电磁波__________，目前广泛使用高压__________。

5. 按所处位置不同，汽车线束可分为__________线束、__________线束、__________线束、__________线束、__________线束、__________线束等。

6. 按操纵方式不同，汽车开关有____________式、____________式、____________式、__________式及__________式等。

7. 汽车用继电器可分为__________继电器和__________继电器两种。

8. 汽车中的中央控制盒一般都将__________、__________、__________等电路易损件集中布置在一块或几块__________上，配电板背面用来连接__________。

二、判断题（对的打“√”，错的打“×”）

1. 导线的截面面积主要根据用电设备的工作电流进行选择。（　　）
2. 汽车电气系统中使用的导线截面面积不得小于 0. 5 mm^2。（　　）
3. 高压导线是用来传送低电压的导线。（　　）
4. 起动电缆是用来连接蓄电池与起动机主接线柱的。（　　）
5. 汽车用高压导线可承受 15 kV 以上的电压。（　　）
6. 拆开插接器时可以直接用力拉导线。（　　）
7. 熔断器熔丝烧断的原因是由于通过的电流过大。（　　）
8. 一个熔断器可以保护一条线路，也可以保护多条线路。（　　）
9. 易熔线是电路保护的后备保护系统。（　　）

三、选择题

1. 起动机的起动电缆属（　　）导线。

A. 高压　　　B. 低压

2. 我国汽车上的红色导线用字母（　　）表示。

A. R　　　B. W　　　C. Gr

3. 蓄电池接地电缆属（　　）导线。

A. 高压　　　B. 低压　　　C. 都不是

4. 下列可重复使用的保护装置是（　　）。

A. 熔断器　　　B. 易熔线　　　C. 断电器

四、简答题

1. 怎样插拔插接器？

2. 汽车线路和电气设备的保护装置有哪些？

3. 简述熔断器的种类及工作过程。

§9—2　汽车电路识图

一、填空题（将正确答案填写在横线上）

1. 汽车电气总线路图分为＿＿＿＿＿和＿＿＿＿＿两种。

2. 接线图是一种专门用来标记电气设备的＿＿＿＿＿＿、＿＿＿＿＿、＿＿＿＿＿＿、＿＿＿＿＿等的指示图。

3. 原理图只表明元件间的＿＿＿＿＿，或用代号注明＿＿＿＿＿＿。因此，它并不是＿＿＿＿＿，也不表示线路的＿＿＿＿＿，两元件间的接线可以用最短的线条（横或竖）画出。

4. 汽车总线路图一般由＿＿＿＿＿＿、＿＿＿＿＿＿、＿＿＿＿＿＿、＿＿＿＿＿、

__________、__________、__________等分电路组成。

5. 任何一个完整的电路都由________、__________、__________、__________等组成。

6. 在汽车电路图识读时，回路原则是电流从________________，通过__________，经__________、__________达到__________，再经过__________回到同一个电源的负极。

7. 在标准画法的线路图中，开关的触点位于__________，即开关处于____状态或继电器线圈处于____状态。

二、选择题

1. 现代汽车电气系统为（　　）系统。

A. 直流　　　　B. 交流

2. 汽车上的用电设备均采用（　　）连接。

A. 串联　　　　B. 并联

三、简答题

1. 简述识读汽车电路图的一般方法。

2. 遵循回路原则时常见的错误有哪些？

§9—3　全车电气总线路实例

一、填空题（将正确答案填写在横线上）

1. 上海桑塔纳轿车的大部分__________和__________都安装在中央线路板正面，几乎全部__________均从中央线路板反面插接后通往各用电器。

2. 上海桑塔纳轿车主要线束代号中，____________插座插入常火线，____________、__________、__________均为空位插孔。

3. 上海桑塔纳轿车点火电路高压线圈的最高输出电压为__________。

4. 上海桑塔纳轿车起动机采用__________电动机，由__________控制。

5. 上海桑塔纳轿车点火开关为__________开关，点火开关带有__________，在车钥匙拔出点火开关时，可将__________锁住，以防车辆被盗。

二、判断题（对的打“√”，错的打“×”）

1. 汽油车普遍采用 12 V 的电源。（　）
2. 柴油机普遍采用 36 V 的电源。（　）
3. 上海桑塔纳轿车上的电气设备采用单线制时，规定为负极搭铁。（　）

三、简答题

1. 简述桑塔纳电源系统三路正极电源特点。

2. 分析如图 9—3—1 所示上海桑塔纳乘用车小灯、尾灯电路电流流向。

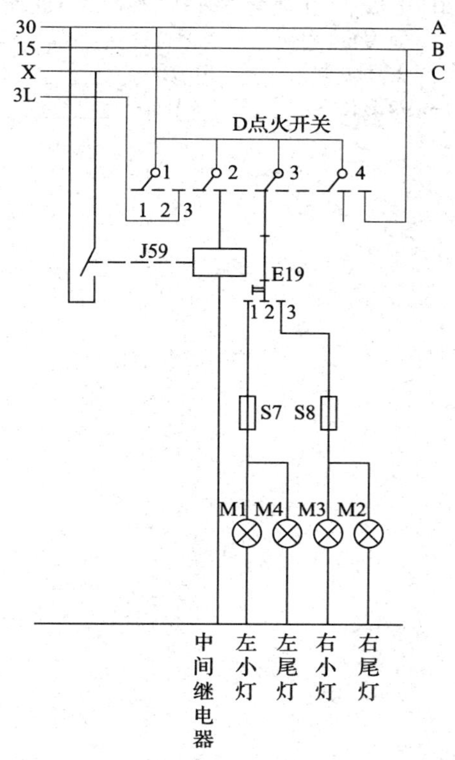

图 9—3—1　上海桑塔纳乘用车小灯、尾灯电路

四、识图题

写出如图 9—3—2 所示上海桑塔纳中央控制盒（正面）相应位置的元件名称。

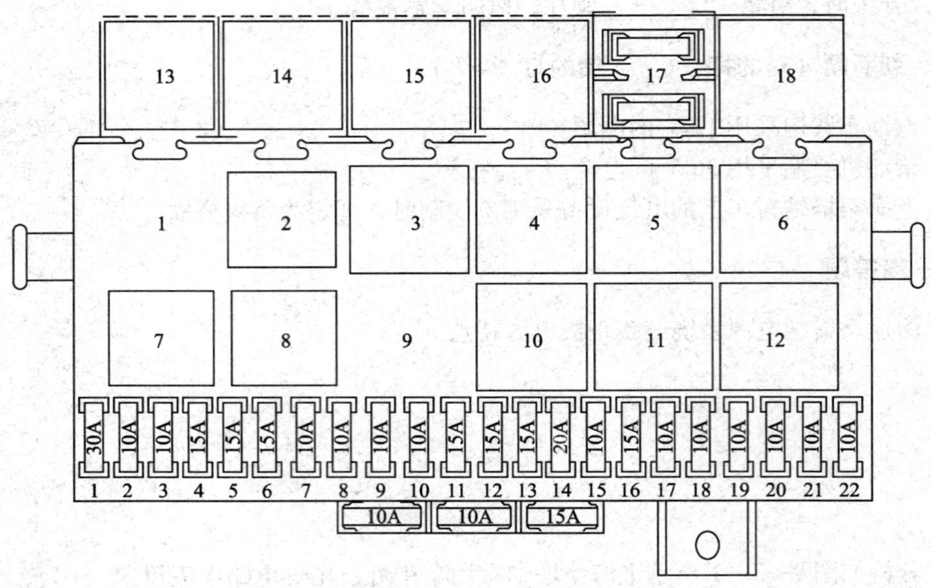

图 9—3—2　上海桑塔纳中央控制盒（正面）

5 号位—________　7 号位—________

8 号位—________　10 号位—________

12 号位—________　13 号位—________

内容简介

本习题册是全国中等职业技术学校汽车类专业教材《汽车电气设备（第二版）》的配套用书。习题册紧扣教学要求，按照教材章节顺序编排，知识点分布均衡，题型丰富多样，难易配置适当，适合学生复习和巩固知识使用。

本习题册由李峰主编，刘锋、何春琴、花秀銮、薛烨、吴哲参加编写。

策划编辑 / 杜庚星
责任编辑 / 伍召莉
责任校对 / 伍召莉
装帧设计 / 王利民

定价：7.00 元

全国中等职业技术学校饭店服务专业

中国旅游地理习题册

——与《中国旅游地理（第四版）》配套

中国劳动社会保障出版社